Schweitzers Textausgaben
mit Anmerkungen

Das Gesetz vom 9. Mai 1918 über die

Abänderung des Zwangsabtretungsgesetzes

vom 17. November 1837 (GVBl. 1918 S. 289)

als Nachtrag

zu Dr. Wilh. Laforet, Das Zwangsabtretungsgesetz (1910)

erläutert von

Dr. Georg Ziegler,
K. Bezirksamtsassessor, verw. im Staatsministerium des Innern

1918
München, Berlin und Leipzig
J. Schweitzer Verlag (Arthur Sellier)

By

Das Gesetz vom 9. Mai 1918 über die

Abänderung des Zwangsabtretungsgesetzes

vom 17. November 1837 (GVBl. 1918 S. 289)

als **Nachtrag**

zu Dr. Wilh. Laforet, Das Zwangsabtretungsgesetz (1910)

erläutert von

Dr. Georg Ziegler,

K. Bezirksamtsassessor, verw. im Staatsministerium des Innern.

1918

München, Berlin und Leipzig

J. Schweitzer Verlag (Arthur Sellier).

Druck von Dr. F. P. Datterer & Cie., Freising.

Einleitung.

Mit Gesamtbeschluß vom 21. März 1916 ersuchten die beiden Kammern des bayerischen Landtags die Staatsregierung, „dem versammelten Landtag in tunlichster Bälde — unter gleichzeitiger Vorlage eines Ortsstraßengesetzes — den längst zugesagten Gesetzentwurf zur Erweiterung des geltenden Enteignungsrechtes in der Richtung einer Verleihung der Enteignungsbefugnis an die Gemeinden für Umlegung von Baugrundstücken und für Ortsstraßen und dazugehörige Fußwege sowie für freie Plätze vorzulegen". In Verfolgung dieses Antrages wurde unterm 23. September 1917 der Entwurf eines Gesetzes über die Abänderung des Zwangsabtretungsgesetzes vom 17. November 1837 an den Landtag gebracht (Beil. 1858, Kammer der Abgeordneten, 36. Landtagsversammlung, IV. Session 1917/18). Den Hauptinhalt dieses Regierungsentwurfes faßte der Berichterstatter der Abgeordnetenkammer, Landtagsabgeordneter Kroher, dahin zusammen, daß der Entwurf dem Staate und den Gemeinden und unter bestimmten Voraussetzungen und Sicherheiten gemeinnützigen Bau- und Siedlungsgesellschaften die Befugnis einräume,

1. Baugelände zur Verbesserung der Wohnungsverhältnisse der minderbemittelten

oder dem Mittelstande angehörigen Bevölkerung im Zwangsenteignungswege zu erschließen;

2. Grundbesitz zur Ansiedlung von Kriegsbeschädigten und Kriegerwitwen auf gleichem Wege bereitzustellen (Verhandlungen der K. d. Abg. 1918 Bd. XVII S. 332). Aus der dem Gesetzentwurfe beigegebenen Begründung ist folgendes hier wiederzugeben:

„Zu 1: Die Herstellung von Wohnungen und insbesondere von Kleinwohnungen für die minderbemittelte Bevölkerung hat schon in den letzten Jahren vor dem Kriege wesentlich abgenommen und ist während des Krieges ganz zum Stillstand gekommen. Wenn auch die zahlreichen Todesfälle von Wohnungsinhabern eine Verringerung der Haushaltungen und die Aufgabe von Wohnungen bedingen, so steht demgegenüber die große Zahl von Kriegstrauungen; ferner wird die Zahl der vorhandenen Kleinwohnungen nicht unerheblich in Anspruch genommen durch die aus wirtschaftlichen Gründen veranlaßte Abwanderung eines Teils der Bevölkerung aus größeren in kleinere und billigere Wohnungen. Es ist deshalb nach Friedensschluß mit einem stark vermehrten Bedarf an Wohnungen, besonders an Kleinwohnungen, zu rechnen.

Die unmittelbare Wohnungsfürsorge ist eine Aufgabe der Gemeinden, die gegebenenfalls im Zusammenwirken mit den gemeinnützigen Bauvereinigungen für Bereitstellung der erforderlichen Wohnungen zu sorgen haben werden. Sache des Staates ist es, alle jene gesetzgeberischen Maßnahmen zu ergreifen, die eine Förderung der Bautätigkeit und der

Wohnungsherstellung nach Friedensschluß bezwecken. Hiezu gehört die Sicherung der Bereitstellung des erforderlichen Baugeländes. In dieser Richtung können ernstliche Schwierigkeiten dann entstehen, wenn der notwendige Grund und Boden sich in spekulativem Besitz befindet und entweder überhaupt nicht oder nur zu unverhältnismäßig hohen, die wirtschaftliche Ausnützung hindernden Preisen abgegeben wird.

Diesen Verhältnissen steht zurzeit die öffentliche Gewalt machtlos gegenüber, da das Zwangsabtretungsgesetz vom 17. November 1837 eine Befugnis zur Enteignung von Baugelände für den Wohnungsbau nicht gewährt. Um daher dem bestehenden Bedürfnis gerecht werden zu können, ist es notwendig, die Zwangsabtretungspflicht für Zwecke der Wohnungsbeschaffung zugunsten der minderbemittelten und der dem Mittelstand angehörigen Bevölkerung auf gesetzgeberischem Wege zu erweitern.

Zu 2: Die gleichen Verhältnisse ergeben sich auf dem Gebiete der Ansiedlung von Kriegsbeschädigten und von Witwen der im Kriege gefallenen oder an Kriegsverwundung oder infolge Kriegsdienstbeschädigung verstorbenen Kriegsteilnehmer. Auch diese Maßnahmen, zu deren Durchführung bereits das Ansiedlungsgesetz vom 15. Juli 1916 (GVBl. S. 135) erlassen und die Bayerische Landessiedlungsgesellschaft ins Leben gerufen worden ist, bedürfen zu ihrem vollen Erfolg einer gesetzlichen Handhabe, um den erforderlichen Grund und Boden zu beschaffen.

Im vorliegenden Entwurf wird daher eine Erweiterung der Zwangsabtretungsbefugnisse nach dem Gesetze vom 17. November 1837 in der Fassung des Gesetzes vom 13. August 1910 (GVBl. S. 621) durch Einschaltung der weiteren Ziffern 17 und 18 in Art. I Buchstabe A vorgesehen. Auf beide neuen Enteignungszwecke finden sohin alle grundsätzlichen Vorschriften des Zwangsabtretungsgesetzes ohne weiteres Anwendung, insbesondere auch die in Art. I A a enthaltene Voraussetzung, daß das Unternehmen „vom gemeinen Nutzen erfordert" werde und daß „die Abtretung oder Belastung des Eigentums zur zweckmäßigsten Verwirklichung des Unternehmens notwendig" sei. Diese allgemeinen Voraussetzungen werden indessen mit Rücksicht auf die Art der Enteignungszwecke in örtlicher Beziehung noch weiter dahin verschärft, daß in den Fällen der Ziffer 17 und 18 in wörtlicher Anlehnung an den Art. 21 des Gesetzes vom 21. April 1884 über die Landeskulturrentenanstalt (GVBl. 1908 S. 235) an einem bestimmten Orte ein erhebliches, auf andere Weise nicht zu befriedigendes Bedürfnis (für Wohnungsbeschaffung oder Ansiedlung von Kriegsbeschädigten oder Kriegerwitwen) erfordert wird.

Die Enteignung nach Ziff. 17 hat in der Regel das Gelände im Erweiterungsgebiet der größeren Städte oder in Gemeinden mit industrieller Entwicklung zum Gegenstand. Die Ansiedlung von Kriegsbeschädigten und Kriegerwitwen (Ziff. 18) ergreift dagegen außer gärtnerischen oder landwirtschaftlichen Anwesen im Stadterweiterungsgebiet auch Gelände in reinbäuerlichen Gemeinden auf dem platten Lande. Die K. Staatsregierung würde es aber als unzulässig erachten, für diesen Zweck, so sehr er auch vom vaterländischen Standpunkt zu fördern ist, ganze geschlossene Güter größeren oder geringeren Umfanges zwangsweise ihren bisherigen Eigentümern oder Nutznießern zu entziehen oder auch nur durch Abtrennung wesentlicher Teilflächen in ihrem wirtschaftlichen Bestande zu erschüttern. Vielmehr ist beabsichtigt, für Ansiedlungszwecke auf dem Lande vor allem unter Mitwirkung der Landesiedlungsgesellschaft im Wege freihändigen Ankaufes geeignete Anwesen oder Grundstücke zu erwerben. Dieser Ankauf im freien Verkehr oder etwa bei Gelegenheit von Zwangsversteigerungen oder Güterzertrümmerungen bildet die Regel. Nur soweit solche Anwesen, um ihren Zweck erfüllen zu können, einer Abrundung oder Verbesserung durch Einbeziehung benachbarten oder umschlossenen Grundbesitzes bedürfen, soll Ziff. 18 die Möglichkeit gewähren, einzelne Grundstücke zur Beseitigung von ungünstigen Gemengelagen, Enklaven, zur Verhütung nachbarlicher Schikanen oder dergleichen zu enteignen. Das Staatsministerium des Innern wird schon bei Erteilung der Ermächtigung zur Einleitung des Enteignungsverfahrens gemäß Art. XIV des Gesetzes diesem Grundsatze jederzeit den Vollzug sichern können. Überdies ist die bezeichnete Beschränkung in den Eingangsworten der Ziff. 18 noch besonders zum gesetzlichen Ausdruck gebracht."

Wie Staatsminister des Innern, Dr. v. Brettreich, in der Kammer der Reichsräte (Verhandlungen 1918 Bd. V S. 138) ausgeführt hat, bezweckt die Novelle lediglich, „die Möglichkeit zur Beschaffung von Grund und Boden für Kleinwohnungszwecke und für Ansiedlung von Kriegsbeschädigten zu sichern. Die Frage, wie besiedelt werden soll, hat dieses Gesetz nicht zu regeln, sondern dies muß auf andere Weise geordnet werden, und zwar in der Umgebung von Städten durch die Bebauungspläne, bei der Ansiedlung von Kriegsteilnehmern, auf dem Lande durch Eingreifen der Landessiedlungsgesellschaft und der Landessiedlungsstelle. Diese Einrichtungen werden selbstverständlich dahin wirken, daß insbesondere bei der Ansiedlung von Kriegsteilnehmern und Kriegerwitwen die Betreffenden mit so viel Grund und Boden bedacht werden, daß in der Tat kleine Wirtschaften mit Nutzen betrieben werden können. Mit der Enteignung selbst aber hat diese Frage nichts zu tun.

In der allgemeinen Erörterung des Gesetzentwurfes im Finanzausschuß der Kammer der Abgeordneten drückte der Berichterstatter Kroher sein Bedauern darüber aus, daß wie in der Novelle vom Jahre 1910 so auch im vorliegenden Gesetzentwurfe die seit 15 Jahren gestellten Forderungen der bayerischen Gemeinden unerfüllt geblieben seien; er hob als langjährige vordringliche Forderung des Bayerischen Städtetags die Zwangsenteignungsbefugnis für die Anlegung neuer und Abänderung bestehender Ortsstraßen und freier Plätze und für Gemeindeverbindungswege heraus, die in dem gegenwärtigen Entwurf erfüllt werden müßten, nachdem die Vorlage eines seit längerem in Aussicht gestellten neuen Enteignungsgesetzes und Ortsstraßengesetzes doch in Bälde nicht zu erwarten sei. Auch müsse darauf bestanden werden, daß noch dem gegenwärtig versammelten Landtag ein Bauplatzumlegegesetz vorgelegt werde, das die Ergänzung bilden würde zur Gewährung der Zwangsenteignung für Ortsstraßen.

Zwei öffentliche Notstände, die sich in Stadt und Land mit der zunehmenden Entwicklung von Ortschaften von Jahr zu Jahr unerträglicher gestaltet hätten, müßten endlich durch Gewährung des Zwangsenteignungsrechts für bestehende und neue Ortsstraßen und Gemeindeverbindungswege behoben werden. Erstens müßte die zwangsweise Beseitigung unerträglicher Verkehrshindernisse in den bestehenden Ortsstraßen gegen volle Entschädigung allenfalls gegen den Willen halsstarriger und gewinnsüchtiger Grundbesitzer ermöglicht und die Verbreiterung, Verbesserung und Verlegung wichtiger Gemeindeverbindungswege gegen den Widerstand derartiger Grundeigentümer gesetzlich sichergestellt werden. Zweitens müßte auch die Herstellung neuer bauplanmäßiger Straßenzüge in neuen Bauquartieren gesetzlich geregelt und die zwangsweise Überlassung des hierzu benötigten Grundes an die straßenunterhaltspflichtige Gemeinde im Enteignungsgesetze festgelegt werden. Das Letztere sei erforderlich, um auch einer gesunden Privatbautätigkeit die Wege zu ebnen; denn es stehe fest, daß dem großen Wohnungsmangel nicht allein durch die öffentliche und gemeinnützige Bautätigkeit abgeholfen werden könne. Als Ergebnis der Beratungen im Finanzausschuß der Kammer der Abgeordneten wurde die Ziff. 5 des Art. I A ZEG. durch die Worte „Gemeindeverbindungswege, Ortsstraßen und öffentliche Plätze innerhalb der Ortschaften" ergänzt, wobei hinsichtlich der Entschädigung für das abzutretende Grundeigentum gewisse Sonderbestimmungen aufgestellt wurden.

Zu dieser Ergänzung des Gesetzentwurfes führte der genannte Abgeordnete in der Vollsitzung der Kammer der Abgeordneten vom 10. Januar 1918 (Verhandlungen der K. d. Abg. 1918 Bd. XVII S. 337 ff.) noch folgendes aus:

„Es unterliegt keinem Zweifel, daß sich der Ausschuß in Zusammenarbeit mit der K. Regierung das allergrößte Verdienst dadurch erwarb, daß er endlich einen Weg gefunden hat, auf dem den seit 15 Jahren gestellten dringenden Forderungen der bayerischen Gemeinden endliche Erfüllung zu werden verspricht. Wie viele öffentliche Verkehrsschwierigkeiten hätten in Städten und Dörfern beseitigt, wie viele finanzielle und wirtschaftliche Vorteile hierdurch gewonnen, wie viele Gemeindeverbindungswege verbessert, verbreitert, abgekürzt und neu angelegt werden können, wenn den Gemeinden gleich dem Staate und den Distrikten für den hierzu benötigten Grund die Zwangsenteignungsbefugnis zugestanden wäre! Der Antrag des Ausschusses bringt den Gemeinden die Enteignungsbefugnis für Gemeindeverbindungswege, Ortsstraßen und öffentliche Plätze. Schon im Jahre 1910 hat die Regierung dies beantragt, in den beiden Kammern wurde das Bedürfnis nicht bestritten, aber es obwalteten gewichtige Bedenken. Ich bräuchte mich eigentlich auf dieselben nicht mehr einzulassen; denn inzwischen haben beide Kammern im Jahre 1916 und 1917 einmütig ein Gesetz verlangt „zur Erweiterung des geltenden Enteignungsrechts in der Richtung der Verleihung einer Enteignungsbefugnis an die Gemeinden für die Bauplatzumlegung und für die Ortsstraßen und dazugehörigen Fußwege und freien Plätze'. Diesem wiederholten einhelligen Beschlusse hat der Ausschuß Rechnung getragen und wir sind nur noch in Gewärtigung der Vorlage des Bauplatzumlegungsgesetzes, die ich mit meinen Freunden als notwendige Ergänzung des gegenwärtigen Gesetzes dringend erbitten möchte. Dennoch möchte ich darauf hinweisen, daß die in der Reichsratskammer seinerzeit geäußerten Befürchtungen, es möchten von den Landgemeinden im Wege der Grunddienstbarkeit Gemeindewege durch größere zusammenhängende Güter oder Parks oder sonstige Anlagen gebahnt werden, nicht eintreten werden und können, weil die Regierung solche Eingriffe mit Recht nicht dulden und die Gemeinden die mögliche Auflage des Erwerbes des gesamten Parkes oder Grundes gegen volle Entschädigung doch nicht erfüllen könnten. Die Regierung, der mögliche Instanzenzug bieten Sicherheit gegen jede harte und schikanöse Anwendung der Zwangsenteignung in dieser Richtung."

Die Reichsratskammer hat indes die Gemeindeverbindungswege gestrichen und weiterhin die Enteignungsbefugnis für Ortsstraßen und öffentliche Plätze auf Gemeinden mit mehr als 5000 Einwohnern beschränkt. Diesem Beschlusse hat die Kammer der Abgeordneten — um das Zustandekommen des Gesetzes nicht zu gefährden — in ihrer überwiegenden Mehrheit zugestimmt (Verhandlungen der K. d. Abg. 1918 Bd. XVII S. 374).

Dem Wunsche des Abgeordneten Kroher, es möchte gegenwärtiges Gesetz unseren in schweren Kriegsnöten treu zum Vaterlande stehenden wirtschaftlich schwächeren Volksgenossen und ihren Familien zu gesunden Wohnungen verhelfen, unseren tapferen Feldgrauen und den Witwen unserer Helden in baldiger glücklicher Friedenszeit eine schöne Siedlung auf heimatlicher Erde verschaffen und unseren Städten und Dörfern im friedlichen Wettbewerb eine glückliche wirtschaftliche und kulturelle Entwicklung vermitteln, dürfte wohl von allen Seiten unbedingte Zustimmung zuteil werden.

Gesetz vom 9. Mai 1918 über die Abänderung des Zwangsabtretungsgesetzes vom 17. November 1837.

(GVBl. 1918 S. 289).

Art. I. 1. Dem Art. I des Zwangsabtretungsgesetzes vom 17. November 1837 in der Fassung des Gesetzes vom 13. August 1910 werden im Buchstaben A als weitere Ziffern angefügt:

17. Erschließung von Baugelände zur Verbesserung der Wohnungsverhältnisse der minderbemittelten oder dem Mittelstand angehörigen Bevölkerung;

18. Bereitstellung von Grundbesitz, jedoch unter Ausschluß einer Abtretung oder Aufteilung ganzer Güter oder Anwesen, zur Ansiedlung von Kriegsbeschädigten und von Witwen der im Kriege gefallenen oder an Kriegsverwundung oder infolge Kriegsdienstbeschädigung verstorbenen Kriegsteilnehmer, sofern in den Fällen der Ziff. 17 und 18 an einem Orte ein erhebliches auf andere Weise nicht zu befriedigendes Bedürfnis hiefür besteht.

2. Im ersten Satze des Art. I werden die Worte „mit einer Dienstbarkeit" ersetzt durch die

Worte: „mit einem Erbbaurecht oder einer Dienstbarkeit“.

3. Ziff. 5 des Art. I Buchst. A erhält folgende Fassung:

Anlegung neuer und Änderung bestehender Staatsstraßen und Distriktsstraßen sowie von Ortsstraßen und öffentlichen Plätzen innerhalb von Ortschaften mit mehr als 5000 Einwohnern.

4. Bei Buchstaben A a wird statt „Ziff. 1—16“ gesetzt „Ziff. 1—18“.

5. Dem Art. I Buchstaben A b werden folgende Sätze beigefügt:

Die Entschädigung ist jedoch für die Abtretung von Grundeigentum zu Ortsstraßen und öffentlichen Plätzen innerhalb der Ortschaften — Buchstabe A Ziff. 5 — im Falle der Erschließung neuer Bauanlagen dann ausgeschlossen, wenn für die neue Bauanlage der Baulinienplan und die Bebauungsweise bereits festgesetzt sind und wenn hiernach der im Baugelände verbleibende Teil des Grundstückes zu einer selbständigen Bebauung noch geeignet ist und zwar insoweit als die Abtretungsfläche 25 Prozent des Gesamtgrundstückes nicht übersteigt.

Die Gemeinde ist jedoch befugt, durch örtliche Satzung die Pflicht zur unentgeltlichen Abtretung bis zu 40 Prozent der Gesamtgrundstücksfläche zu erhöhen. Die Erlassung und Änderung dieser Satzung unterliegt der staatsaufsichtlichen Genehmigung.

Art. II. Der Art. III a des genannten Gesetzes erhält folgende Fassung:

Der Eigentümer eines Grundstückes kann verlangen, daß der Unternehmer an Stelle des Rechtes, ein Bauwerk auf der Oberfläche des Grundstückes zu haben, das Eigentum am Grundstück erwerbe.

Der Eigentümer eines Grundstücks kann dessen Belastung mit einem nicht unter den Abs. 1 fallenden Erbbaurecht oder mit einer Dienstbarkeit ablehnen und verlangen, daß der Unternehmer an Stelle dieses Erbbaurechts oder der Dienstbarkeit das Eigentum am Grundstück erwerbe, wenn ... usw. wie bisher.

Art. III. Der Art. IV des genannten Gesetzes erhält folgende Absätze 2, 3 und 4:

Zur Ausführung eines Unternehmens der im Art. I A Ziff. 17 und 18 bezeichneten Art kann von Gemeinden die Entwehrung auch von Grundstücken in Anspruch genommen werden, die in einer Nachbargemeinde liegen.

Von Privaten kann die Entwehrung zur Ausführung eines Unternehmens der im Art. I A Ziff. 17 und 18 bezeichneten Art nicht in Anspruch genommen werden, von Gesellschaften nur dann, wenn sie als rechtsfähige gemeinnützige Bau- und Siedlungsvereinigungen satzungsgemäß die Einzahlungen der Mitglieder mit nicht mehr als 5 Prozent jährlich verzinsen und den Mitgliedern im Falle der Auflösung nicht mehr als die Einzahlungen ausantworten und wenn jede

Änderung der Satzung von der staatlichen Genehmigung abhängig gemacht ist.

Zur Inangriffnahme der vorbezeichneten Unternehmungen können auch Fristen bestimmt werden, mit deren fruchtlosem Ablauf das Unternehmen als rückgängig geworden (Art. XII Abs. 4 des Gesetzes) anzusehen ist.

Art. IV. Dem Art. VIII und dem Art. XI Abs. 2 des Zwangsabtretungsgesetzes wird folgender Satz beigefügt:

„Gleiches gilt im Falle der Beschwerung mit einem Erbbaurecht".

Dem Art. XII Abs. 4 wird folgender Satz beigefügt:

„Diese Vorschrift findet im Falle der Bestellung eines Erbbaurechtes entsprechende Anwendung."

Im Art. 25 des Ausführungsgesetzes zur Reichszivilprozeßordnung und Konkursordnung in der Fassung der Bekanntmachung vom 26. Juli 1899 werden die Worte „mit einer Dienstbarkeit" ersetzt durch die Worte „mit einem Erbbaurecht oder einer Dienstbarkeit".

Im Art. 26 Satz 2 des genannten Ausführungsgesetzes werden nach dem Worte „Auflassung" die Worte eingefügt „sowie die Bestellung eines Erbbaurechts".

Art. I. 1. **Dem Art. I des Zwangsabtretungsgesetzes vom 17. November 1837 in der Fassung des Gesetzes vom 13. August 1910 werden im Buchstaben A als weitere Ziffern angefügt:**

17.[1]) **Erschließung von Baugelände**[2]) **zur Verbesserung der Wohnungsverhältnisse**[3]) **der minderbemittelten**[4]) **oder dem Mittelstand**[5]) **angehörigen Bevölkerung**;[6])

1. Art. 109 EG. BGB. spricht der Landesgesetzgebung die Möglichkeit des Entzugs und der Beschränkung des Eigentums und von Rechten für öffentliche Zwecke zu. Das bayerische Recht kennt die Enteignung für solche Zwecke nur mit der weiteren Einschränkung, daß es sich um notwendige oder gemeinnützige öffentliche Zwecke (vgl. Laforet S. 32) handeln muß. Da die vorliegende Ziffer 17 der Wohnungsfürsorge für die wirtschaftlich Schwachen, somit einem allgemeinen volkswirtschaftlichen Zwecke, nämlich der — teilweisen — Lösung der Wohnungsfrage durch Erschließung von Baugelände zur Bereitstellung von zweckentsprechenden kleinen und mittleren Wohnungen dient, so ist im Hinblick auf die mit der Wohnungsfürsorge bezweckte körperliche, geistige und sittliche Ertüchtigung des mit dieser Fürsorge bedachten Großteils der Nation die Öffentlichkeit des Zweckes außer Zweifel gestellt (vgl. auch Laforet S. 31 unten).

2. a) Unter Erschließung von Baugelände ist nicht nur die Erwerbung einer bestimmten Grundfläche zu verstehen, sondern auch deren Ausstattung mit allen Eigenschaften und Rechten, die die Durchführung der Bebauung ermöglichen. Dazu gehört beispielsweise die Entwässerung der Grundstücke, der Erwerb der erforderlichen Flächen für Straßen und freie Plätze innerhalb des betreffenden geschlossenen Geländes und der nötigen Zufuhrstraßen[1]) für den Anschluß an den öffentlichen Verkehr, die Zuleitung von Wasser, Gas und elektrischem Strom u. dgl. (Erklärung des Staatsministers des Innern Dr. von Brettreich im Finanzausschuß der Kammer der Abgeordneten vom 1. Dezember 1917, vgl. auch Verhandlungen der Kammer der Abgeordneten 1918 Bd. XVII S. 355 und Verhandlungen der Kammer der Reichsräte 1918 Bd. V S. 139). Dagegen wird — nach der gleichen Erklärung des Ministers des Innern — die Errichtung von Schulen, Kirchen, Volkshäusern und ähnlichen Anlagen nicht zur „Erschließung" zu rechnen sein. Für ein etwa hervortretendes Bedürfnis in letzterer Beziehung wird übrigens die Ziff. 2 des Art. I A eine genügende Handhabe bieten, wonach die Zwangsenteignung zulässig ist für „Erbauung oder Erweiterung von Kirchen, öffentlichen Schulhäusern, Spitälern, Kranken- und Irrenhäusern".

b) Als Baugelände, dessen Erschließung mit dem Zwangsabtretungsrecht ausgestattet ist, kommt im allgemeinen unbebautes Land in Betracht, da überbaute Grundflächen schon nach dem Sprachgebrauche nicht als Baugelände zu erachten sind (Erklärung des Ministers des Innern Dr. von Brettreich im Finanzausschusse der Kammer der Abgeordneten vom 1. Dezember 1917). Immerhin ist es in einzelnen Fällen nicht ausgeschlossen, daß bei großzügigen Unternehmungen für Neubauanlagen zur Verbesserung der Wohnungsverhältnisse einzelne im Wege stehende bebaute Anwesen miteinbezogen und nötigenfalls im Zwangsweg erworben werden

[1]) Wegen des Verhältnisses solcher Zufahrtstraßen, die unter Z. 17 fallen, zu Ortsstraßen nach Ziff. 5 (neuer Fassung) s. Anm. 9 zu Ziff. 5 des Art. I der Novelle (S. 36).

müssen (vgl. auch Verhandlungen der Kammer der Abgeordneten 1918, Bd. XVII S. 355). Der Wortlaut der Ziffer 17 (im Gegensatze zu Ziffer 18) steht dem Erwerbe solcher Einzelanwesen nicht entgegen, sofern der Erwerb zur zweckmäßigsten Verwirklichung des Gesamtunternehmens, also zu einer richtigen Durchführung einer umfassenden Kleinwohnungsanlage notwendig erscheint. Es wird — nach der erwähnten Erklärung des Ministers des Innern Dr. von Brettreich — von Fall zu Fall zu prüfen sein, ob die Überbauung des Geländes erst in einem so mäßigen Umfang erfolgt ist, daß die Gesamtfläche immer noch als Baugelände, d. i. als Erweiterungsgebiet für Neubauanlagen gelten kann.

3. Ziffer 17 bezielt die Schaffung von Wohnungen, d. i. von Bauwerken zur Unterkunft der minderbemittelten und dem Mittelstand angehörigen Bevölkerung (s. hierüber Anm. 4 und 5), wobei ein etwaiges Gartenland nur als Ergänzung der Wohnung in Betracht kommt (Erklärung des Ministers des Innern Dr. von Brettreich im Finanzausschusse der Kammer der Abgeordneten vom 1. Dezember 1917). Wegen des Unterschiedes von Ziffer 18 s. Anm. 6.

4. Minderbemittelte: über den Begriff und seine objektive Umschreibung s. Anmerkung 5. Die Begriffsbestimmung, wie sie VGH. 34, 263 für das Haussteuergesetz (§ 33 Abs. II und III) nach subjektiven Merkmalen gibt, kommt für die vorliegende Ziffer nicht in Frage (vgl. auch Erklärung des Staatsministers Dr. von Brettreich im vereinigten I. und III. Ausschuß der Kammer der Reichsräte vom 8. Februar 1918).

5. Der Ausdruck „Mittelstand" kommt zum ersten Male hier in einem bayerischen Gesetze vor.

a) Im Wohnungswesen hat (vgl. Erklärung des Staatsministers des Innern Dr. von Brettreich im Finanzausschusse der Kammer der Abgeordneten vom 1. Dezember 1917) die Unterscheidung von Kleinwohnungen für minderbemittelte Klassen und für den Mittelstand bereits eine feste Abgrenzung erfahren. In Art. 14 Abs. I des Landeskultur-Rentengesetzes vom

24. März 1908 ist als Merkmal für die Kleinwohnung festgesetzt, daß sie nicht mehr als 3 Zimmer nebst Küche und Zubehör umfassen darf. Beim Vorhandensein eines vierten Zimmers beginnt die Mittelstandswohnung. Für deren Begrenzung nach oben ist in den amtlichen Wohnungsstatistiken noch keine Einheitlichkeit erzielt. Doch wird in der Regel die Zahl von 6 Räumen einschließlich Küche festgehalten. Als Mittelstandswohnung wird daher grundsätzlich eine Wohnung mit 4—5 Zimmern nebst Küche zu gelten haben (vgl. auch Verhandlungen der Kammer der Abgeordneten 1918, Bd. XVII S. 355[1]) und Verhandlungen der Kammer der Reichsräte 1918, Bd. V S. 139).

b) Es ist also für die Unterscheidung der Wohnungsbedürfnisse der Bevölkerungsklassen lediglich das sachliche Merkmal der Größe der Wohnung und der Zahl der Räume zugrundezulegen; dagegen haben Unterscheidungsmerkmale persönlicher Art, wie die Höhe der Mietpreise, ihr Verhältnis zum ortsüblichen Mietpreis usw. auszuscheiden. Das gleiche gilt von der inneren Ausstattung der Wohnungen oder sonstigen Unterscheidungsmerkmalen, die nicht lediglich auf die Wohnungsgröße abgestellt sind (s. auch Anm. 4).

c) Da Ziffer 17 die Verbesserung der Wohnungsverhältnisse nur der minderbemittelten und der dem Mittelstand angehörigen Bevölkerung bezweckt, so erstreckt sich das auf Ziff. 17 gestützte Enteignungsrecht naturgemäß nicht auf die Anlage von Villenkolonien, wie solche etwa von Baugesellschaften in der Umgebung von Großstädten für Höherbemittelte errichtet werden (Verhandlungen der Kammer der Reichsräte 1918, Band V, S. 137).

6. Verhältnis der Ziffer 17 zu Ziffer 18:

a) Ein erster Unterschied ist der des Zweckes: Ziff. 17 bezweckt Baugelände zu erschließen und zwar regelmäßig (s. oben Anm. 2 b) unbebautes Gelände, Ziff. 18 dagegen bezielt die Bereitstellung von Grundbesitz zur Ansiedlung (über den Begriff s. Anm. 5 zu Ziff. 18).

b) Der Personenkreis der Ziff. 17 umfaßt Minderbemittelte und Angehörige des Mittelstandes (s. oben

---

[1]) Dort ist von 5—6 Räumen die Rede.

Anm. 5), der der Ziff. 18 Kriegsbeschädigte und Kriegerwitwen.

c) Ein dritter Unterschied besteht in der örtlichen Verteilung der in Frage kommenden Unternehmungen: Ziff. 17 bezieht sich hauptsächlich auf größere Städte und deren Erweiterungsgebiete sowie auf Gemeinden mit starker industrieller Entwicklung, Ziff. 18 dagegen hat außer gärtnerischen oder landwirtschaftlichen Anwesen im Stadterweiterungsgebiet auch Gelände in rein bäuerlichen Gemeinden auf dem platten Land im Auge (vgl. Begründung).

d) Endlich — dies ist praktisch der wichtigste Unterschied — gewährt Ziff. 17 die Möglichkeit ganze Anwesen zu enteignen, während dies bei Ziff. 18 nicht möglich ist (vgl. Verhandlungen der Kammer der Abgeordneten 1918, Bd. XVII S. 340f.).

Über den Fall, daß eine Anlage sowohl unter Ziff. 17 als unter Ziff. 18 fällt, s. Anm. 1 zu Ziff. 18.

1)2) 18. **Bereitstellung von Grundbesitz**3), **jedoch unter Ausschluß einer Abtretung oder Aufteilung ganzer Güter oder Anwesen,**4) **zur Ansiedlung**5) **von Kriegsbeschädigten**6) **und von Witwen der im Kriege gefallenen**7) **oder an Kriegsverwundung**8) **oder infolge Kriegsdienstbeschädigung**9) **verstorbenen Kriegsteilnehmer,**10)

1. Ziff. 18 könnte im Hinblick auf Ziff. 17 als entbehrlich erscheinen. Indes handelt es sich hier weniger um wohnungspolitische Maßnahmen als vielmehr um einen Akt der Kriegsfürsorge und zwar um den weiteren Vollzug des Kapitalabfindungsgesetzes vom 3 Juli 1916 (RGBl. S. 680) bzw. des bayerischen Ansiedlungsgesetzes vom 15. Juli 1916 (GVBl. S. 135). Über die Unterschiede zwischen Ziff. 17 und 18 im einzelnen s. Anm. 6 zu Ziff. 17. Freilich kann ein Unternehmen sowohl unter Ziff. 17 als unter Ziff. 18 eingereiht wer-

den, z. B. wenn eine Kriegeransiedlung im Erweiterungsgebiet einer Stadt gleichzeitig mit der Verbesserung der Wohnungsverhältnisse durchgeführt werden soll (vgl. hierüber auch Anm. 4 b), s. Verhandlungen der K. d. Abg. 1918, Bd. XVII S. 341.

2. Bezüglich der Öffentlichkeit des Zweckes s. Anm. 1 zu Ziff. 17. Die Ansiedlung von Kriegsbeschädigten und von Kriegerwitwen, der die Ziff. 18 dient, soll den Kriegsbeschädigten und den Witwen gefallener Krieger erleichterte Lebensbedingungen bieten und ist eine aus vaterländischen und sozialen Gründen zu erfüllende Ehrenpflicht des deutschen Volkes, liegt somit im öffentlichen Interesse. Die Ziff. 18 will nicht ein Kriegerheimstättengesetz darstellen, sondern lediglich die Fälle erweitern, in denen die Zwangsabtretung zum Zwecke der Kriegeransiedlung erwirkt werden kann.

3. Unter Bereitstellung von Grundbesitz ist die Beschaffung des zur Anlage von Ansiedlungen von Kriegsbeschädigten oder von Kriegerwitwen nötigen Geländes zu verstehen; zur Ansiedlung gehören neben den nötigen Wohn- und Wirtschaftsgebäuden die zur Ausübung eines entsprechenden Wirtschaftsbetriebs (Landwirtschaft, Gärtnerei, Kleintierzucht u. a.) erforderlichen Grundflächen (Erklärung des Staatsministers des Innern Dr. von Brettreich im Finanzausschuß der K. d. Abg. vom 1. Dezember 1917).

4. Güter und Anwesen:

a) Im Gegensatz zu Ziff. 17 (s. Anm. 6 zu Ziff. 17) soll nach Ziff. 18 die Abtretung oder Aufteilung ganzer Güter oder Anwesen zum Zweck der Ansiedlung von Kriegsbeschädigten oder Kriegerwitwen grundsätzlich ausgeschlossen sein. Eine Zwangsenteignung kann zu diesem Zwecke also auch nicht stattfinden gegenüber einem Anwesen von ganz geringem Umfang, z. B. einem Taglöhnerhäuschen mit Gärtchen oder Feld (Erklärung des Staatsministers des Innern Dr. von Brettreich im Finanzausschuß der K. d. Abg. vom 1. Dezember 1917). Aber auch größere Güter und Anwesen sollen — nach der gleichen Erklärung des Ministers des Innern —

von der Abtretung oder Aufteilung zugunsten von Kriegeransiedlungen ausgeschlossen sein, insoweit ein Anwesen als ein wirtschaftliches Ganze in Betracht kommt. Ob das Gut oder Anwesen „geschlossen", d. h. räumlich zusammenhängend und abgerundet ist, kann zwar nicht bei der Frage der Abtretung, wohl aber bei der Frage der Aufteilung von Bedeutung werden. Nach der Begründung soll die Abtrennung wesentlicher Teilflächen solcher Güter, wenn sie den wirtschaftlichen Bestand des Gutes erschüttern würden, unzulässig sein. Dagegen steht nichts im Wege, einzelne Bestandteile von Gütern, die für das Ganze nicht von wesentlicher Bedeutung sind, so insbesondere solche, die durch ihre wirtschaftliche Benützung (z. B. als Einzelpachtflächen) oder durch ihre vereinzelte Lage in räumlicher Entfernung vom Mittelpunkt des Gutes mit diesem nicht wesentlich zusammenhängen, zum Zweck einer Kriegeransiedlung zu enteignen. Solche Einzelgrundstücke ohne wirtschaftlichen Zusammenhang mit einem Hof oder Anwesen werden, wie die Begründung ausführt, regelmäßig nur zur Abrundung eines schon auf andere Weise erworbenen Siedlungsanwesens beansprucht werden. Unter Umständen können solche Grundstücke — nach der erwähnten Erklärung des Ministers des Innern —, wenn sie sich zur Neuerrichtung von Wohn- und Wirtschaftsgebäuden eignen, auch als Grundstock für eine Kriegersiedlung selbst zwangsweise in Anspruch genommen werden, vorausgesetzt, daß es sich um solche einzelne, von einem Ganzen nicht ohne wesentliche Beeinträchtigung abzutrennende Teilflächen handelt. Dagegen sollen ganze Anwesen, also Wohn- und Wirtschaftsgebäude und der damit wirtschaftlich oder räumlich zusammenhängende Grundbesitz, wie erwähnt, im Interesse des Schutzes wohl erworbener Privatrechte von der Zwangsabtretung ausgeschlossen bleiben; für sie bildet der freihändige Ankauf oder der Erwerb bei Zwangsversteigerungen oder Güterzertrümmerungen die Regel (s. Begründung).

b) Wenn das Unternehmen sowohl unter Ziff. 17 als unter Ziff. 18 fällt (vgl. oben Anm. 1), so kann auch ein ganzes Anwesen für Kriegeransiedlungen zwangsweise enteignet werden, insoweit die Voraussetzungen der Ziff. 17 zutreffen.

5. Ansiedlung: Während bei der Wohnungsbeschaffung nach Ziff. 17 ein etwaiges Gartenland nur als Ergänzung der Wohnung in Frage kommt (s. Anm. 3 zu Ziff. 17), ist bei der Siedlung das wirtschaftliche Hauptgewicht auf die ländliche oder gärtnerische Grundfläche zu legen, die von dem Wohngebäude aus bewirtschaftet werden soll, und zwar kommt für die Ansiedlung nach Ziff. 18 sowohl die Einzelansiedlung als eine geschlossene größere Ansiedlung in Betracht.

6. Kriegsbeschädigte sind nach den Leitsätzen des Reichsausschusses der Kriegsbeschädigtenfürsorge vom 16. Dezember 1916 alle diejenigen, die als Kriegsteilnehmer eine Kriegsbeschädigung erlitten haben.

a) Als **Kriegsteilnehmer** werden in Anlehnung an die Kais. VO. vom 7. September 1915 (RGBl. S. 599) und vom 20. März 1917 (RGBl. S. 315) zu gelten haben:

α) die Angehörigen des deutschen Heeres, der Marine, der Schutz- und Polizeitruppen in den Schutzgebieten, einschließlich des Personals der freiwilligen Krankenpflege und ähnlicher Dienste, die während des Krieges an einer Schlacht, einem Gefecht, einem Stellungskampf oder an einer Belagerung teilgenommen haben, gleichgültig, ob diese Teilnahme bei den deutschen oder den Streitkräften eines mit dem Deutschen Reiche verbündeten oder befreundeten Staates erfolgt ist;

β) die Angehörigen des deutschen Heeres, der Marine, der Schutz- und Polizeitruppen, einschließlich des Personals der freiwilligen Krankenpflege und ähnlicher Dienste, die, ohne vor den Feind gekommen zu sein (s. α), sich während des Krieges aus dienstlichem Anlaß mindestens zwei Monate im Kriegsgebiet aufgehalten haben;

γ) die Angehörigen des deutschen Heeres und der Marine, die auf Luftschiffen und Flugzeugen Unternehmungen zum Angriff, zur Abwehr und zur Erkundung gegen feindliche Streitkräfte ausgeführt haben, vom Aufstieg ab;

δ) die Angehörigen der Marine und des deutschen Heeres, die auf Schiffen und Fahrzeugen an kriegerischen Unternehmungen zur See teilgenommen haben.

b) Als Kriegsbeschädigung kann jede Beeinträchtigung des körperlichen oder geistigen Gesundheitszustandes angesehen werden, wenn

α) die gesundheitliche Beeinträchtigung als eine Folge des Krieges oder Heeresdienstes im Sinne von a anzusehen ist und

β) die gesundheitliche Beeinträchtigung die Erwerbsfähigkeit aufgehoben oder doch abgemindert hat.

7. Als im Kriege gefallen oder geblieben sind solche Kriegsteilnehmer (s. Anm. 6 a) anzusehen, die bei kriegerischen Unternehmungen zu Tode gekommen sind und zwar auch dann, wenn sie ohne Anzeichen einer Verwundung oder sonstiger Beschädigungen innerhalb des Kampfgebietes tot aufgefunden wurden, ferner Kriegsteilnehmer, die von feindlichen Landeseinwohnern eines besetzten Gebietes überfallen und getötet oder in Gefangenschaft geraten und erschossen worden oder sonst gestorben sind.

8. Kriegsverwundung ist jede im Kriege durch unmittelbare oder mittelbare Wirkung der heutigen Kampfmittel hervorgerufene Verletzung, vgl. hiezu insbes. Olshausen, MilHinterblGes., Anmerkungen zu § 19 dieses Gesetzes.

9. Kriegsdienstbeschädigung ist jede Dienstbeschädigung, die auf die besonderen Verhältnisse des Krieges zurückzuführen und in der Zeit vom Beginn der Mobilmachung bis zum Tage der Demobilmachung erlitten ist (s. Olshausen, MilHinterblGes., Anmerkungen zu § 19 dieses Ges.). Auch außerdienstlich erlittene Gesundheitsstörungen kommen als Kriegsdienstbeschädigungen in Betracht, wenn die besonderen Verhältnisse des Kriegs dabei mitgewirkt haben. Die Kriegsdienstbeschädigung kann während der Zugehörigkeit zum Feldheer oder zum Besatzungsheer erlitten sein.

10. Kriegsteilnehmer: s. Anm. 6a.

sofern[1]**) in den Fällen der Ziff. 17 und 18 an einem Orte ein erhebliches**[2]**) auf andere Weise nicht zu befriedigendes Bedürfnis**[3]**) hiefür besteht.**

1. Aus der Begründung: Auf beide neuen Enteignungszwecke (Ziff. 17 und 18) finden alle grundsätzlichen Vorschriften des ZEG. ohne weiteres Anwendung, insbesondere auch die in Art. I A a enthaltene Voraussetzung, daß das Unternehmen „vom gemeinen Nutzen erfordert" werde und daß „die Abtretung oder Belastung des Eigentums zur zweckmäßigsten Verwirklichung des Unternehmens notwendig" sei. Diese allgemeinen Voraussetzungen werden indessen mit Rücksicht auf die Art der Enteignungszwecke in örtlicher Beziehung noch weiter dahin verschärft, daß in den Fällen der Ziff. 17 und 18 in wörtlicher Anlehnung an Art. 21 des Gesetzes vom 21. April 1884 über die Landeskulturrentenanstalt (GVBl. 1908 S. 235) an einem bestimmten Orte ein erhebliches, auf andere Weise nicht zu befriedigendes Bedürfnis (für Wohnungsbeschaffung oder Ansiedlung von Kriegsbeschädigten oder Kriegerwitwen) erfordert wird.

2. Erhebliches Bedürfnis: Die Worte „ein erhebliches, auf andere Weise nicht zu befriedigendes Bedürfnis" stimmen mit Art. 13h der Novelle zum Landeskulturrentengesetz vom 21. März 1908 überein, wo es heißt: „Sofern an einem Ort ein erhebliches, auf andere Weise nicht zu befriedigendes Bedürfnis zur Verbesserung der Wohnungsverhältnisse der minderbemittelten Bevölkerung oder in bezug auf Ansiedlung landwirtschaftlicher Arbeiter besteht, können die Gemeinden auf Antrag zur darlehensweisen Hingabe der Mittel angehalten werden." Über diese Voraussetzungen hat sich seinerzeit der Minister des Innern Dr. von Brettreich unter Zustimmung der Kammer in folgender Weise geäußert: „Die Voraussetzung des Art. 13 h ist dann gegeben, wenn nicht die nach Lage, Preis und Zahl entsprechenden Wohnungen für die minderbemittelte Bevölkerung vorhanden sind und weder die Gemeinden noch gemeinnützige Vereinigungen noch die private Bautätigkeit bereits die nötigen Schritte zur alsbaldigen Bereitstellung der erforderlichen Wohnungen getan haben. Was die Lage der Wohnungen anlangt, so wird in den größeren Städten die Voraussetzung des Gesetzes schon dann gegeben sein, wenn in einzelnen Stadtteilen ein Mangel an Kleinwohnungen besteht und die Interessenten zur Befriedigung des Wohnungsbedürfnisses auf weitere Stadtteile verwiesen werden müssen (Verhandlungen der K. d. Abg. 1907/08 Band III S. 484). In Anwendung dieser Grundsätze auf Ziff. 17 (Verbesserung der Wohnungsverhältnisse) ist ein erhebliches Bedürfnis dann als vorhanden anzunehmen, wenn die Zahl der verfügbaren leeren Wohnungen unter einem gewissen zur Befriedigung des normalen Bedürfnisses nötigen Hundertsatz des Gesamtwohnungsbestandes gesunken ist. Nach Erklärung des Staatsministers des Innern in der Sitzung des Finanzausschusses der Kammer der Abg. vom 1. Dez. 1917 wird dieser Hundertsatz mit 3% angenommen, weil ein Angebot von 3% leerstehender Wohnungen als hinreichend betrachtet wird, um dem durch Umzüge, Bevölkerungszuwachs, Neugründung von Haushaltungen und sonstigen Umständen entstehenden Wohnungsbedarf zu genügen. Als unbedingt gültig wird dies — nach der gleichen Erklärung des Staatsministers des Innern — indes nicht anzusehen sein; vielmehr sind örtliche Verhältnisse mehr oder weniger mitbestimmend, z. B. das Verhältnis der Eigentümerwohnung zur Mietwohnung. Auch wird ein nur vorübergehendes Sinken des Hundertsatzes noch nicht das Vorhandensein eines erheblichen Wohnungsmangels begründen.

3. Ein „auf andere Weise nicht zu befriedigendes" Erfordernis liegt vor,

a) bei Ziff. 17, wenn für die minderbemittelte Bevölkerung die nach Lage, Zahl und Preis entsprechenden

Wohnungen nicht vorhanden sind und weder die Gemeinden noch gemeinnützigen Vereinigungen noch die private Bautätigkeit bereits die nötigen Schritte zur alsbaldigen Bereitstellung der erforderlichen Wohnungen getan haben. In größeren Städten wird — nach der in 2 angeführten Erklärung des Staatsministers des Innern Dr. von Brettreich — die Voraussetzung schon dann gegeben sein, wenn in einzelnen Stadtteilen ein Mangel an Kleinwohnungen besteht und die Interessenten zur Befriedigung der Wohnungsbedürfnisse auf weiterliegende Stadtteile verwiesen werden müssen.

In sachlicher Beziehung ist nötig, daß das zu enteignende Grundstück für das zu erschließende Baugelände erforderlich ist und nicht, ohne das betreffende Unternehmen zu beeinträchtigen, durch ein anderes Grundstück ersetzt werden kann.

Der etwaige Einwand, daß ein Unternehmen auch auf andere Weise, etwa durch Verlegung auf eine andere Örtlichkeit oder durch Änderung der Bauweise verwirklicht werden könne, betrifft die Frage seiner zweckmäßigsten Verwirklichung; hierüber haben die Verwaltungsgerichte auf Grund fachmännischer Gutachten zu entscheiden. Wenn daher z. B. die weiträumige Bauweise für ein Kleinwohnungsunternehmen durch solche Gutachten als die zweckmäßigste Art der Verwirklichung anerkannt wird oder die gleiche in einem bestimmten Teil einer Gemeindeflur auszuführen ist, so werden auch die Verwaltungsgerichte dem Einwand, daß es auch noch andere Möglichkeiten zur Befriedigung des Bedürfnisses gibt, in der Regel keine Berechtigung zuerkennen (Erklärung des Staatsministers des Innern Dr. von Brettreich im Finanzausschuß der K. d. Abg. vom 1. Dez. 1917).

b) Bei Ziff. 18 tritt mehr die objektive Seite in den Vordergrund. Hier ist nach der unter a angeführten Erklärung des Staatsministers des Innern zu unterscheiden, ob an einem Ort die Siedlung neu gegründet oder eine vorhandene Siedlung erweitert werden soll. Einer Neugründung könnte vor allem der Einwand entgegengesetzt werden, daß die Siedlung nicht an diesen Ort, sondern an einen anderen gelegt werden soll. Demgegenüber ist darauf zu verweisen, daß es sich bei der Kriegeransiedlung um einen Kreis von Personen handelt, die im wesentlichen bereits an bestimmten Plätzen ansässig sind und wieder dorthin zurückkehren, die also in einer bestimmten Gemeinde wurzeln und die man nicht ohne weiteres in eine andere Gemeinde wird verweisen können. Sofern es sich daher nicht um unmittelbar anschließende und mehr oder weniger ineinandergreifende Gemeinden handelt, wird auf die Ansiedlung in der eigenen Gemeinde entscheidendes Gewicht zu legen sein. Ein „auf andere Weise nicht zu befriedigendes Bedürfnis" wird also in der Regel schon dann gegeben sein, wenn innerhalb der Wohnsitzgemeinde ein anderes entsprechendes Gelände nicht zur Verfügung steht.

Handelt es sich um die Erweiterung einer vorhandenen Siedlung oder bei einzelnen Ansiedlungen um die Gewinnung unentbehrlicher Grundflächen für eine bestimmte Wirtschaft, so ist schon durch das Vorhandensein und die Lage des der Ergänzung bedürftigen Besitztums der Kreis der für die Ergänzung in Betracht kommenden Grundflächen bis zu einem gewissen Grade bestimmt. Schon Erwägungen der Wirtschaftlichkeit müssen dazu führen, möglichst angrenzende Flächen dazu zu erwerben. Ein auf andere Weise nicht zu befriedigendes Bedürfnis wird daher (nach der eben bezeichneten Erklärung des Ministers des Innern) in solchen Fällen anzunehmen sein, wenn geeignete Nachbargrundstücke oder wenigstens in unmittelbarer Nähe gelegene Grundstücke, die sich für den Zweck eignen, nicht vorhanden sind.

4. Die Frage, ob ein erhebliches, auf andere Weise nicht zu befriedigendes Bedürfnis besteht, ist keine solche des administrativen Ermessens, sondern eine Rechtsfrage (vgl. auch VGH. 35, 20) und daher gegebenenfalls auch vom Verwaltungsgerichtshof zu würdigen.

2. Im ersten Satze des Art. I werden die Worte „mit einer Dienstbarkeit" ersetzt durch die Worte: „mit einem Erbbaurecht[1]) oder einer Dienstbarkeit".[2])[3])

1. Der Begriff des Erbbaurechts ist in § 1113 BGB. festgelegt. Schon bisher sind im Wege der Grunddienstbarkeit auf fremden Grundstücken Kanäle, Gas- und Wasserleitungen, Telephonmasten usw. angebracht worden; die Einsetzung des Wortes Erbbaurecht neben den Dienstbarkeiten ist hauptsächlich deshalb geschehen, um förmliche Wohngebäude in Form des Erbbaurechts auf fremdem Grund und Boden errichten zu können (vgl. Erklärung des Berichterstatters Kroher im Finanzausschuß der Kammer der Abg. vom 1. Dez. 1917).

2. Über den Begriff der Dienstbarkeit s. Laforet S. 33ff.

3. Die Folge der hiermit erfolgten Gleichstellung von Erbbaurecht und Dienstbarkeit ist die Regelung der Art. II und IV des Gesetzes (s. die Erläuterungen hiezu).

3.[1]) **Ziff. 5 des Art. I Buchst. A erhält folgende Fassung: Anlegung neuer und Änderung bestehender Staatsstraßen und Distriktsstraßen[2]) sowie von Ortsstraßen und öffentlichen Plätzen[3]) innerhalb von Ortschaften[4]) mit mehr als 5000 Einwohnern.**[5]) [6]) [7])

1. In der Vorlage des Jahres 1910, welche eine Erweiterung der Enteignungszwecke des Art. I Buchst. A brachte, war von der Staatsregierung u. a. auch für Ortsstraßen und Gemeindeverbindungswege die Zwangsenteignungsbefugnis gefordert worden; sie ist indes von beiden Kammern des Landtags damals abgelehnt worden. Die Erklärungen, die die Staatsregierung hierauf seinerzeit abgegeben hat, gipfelten darin, daß die Gewährung der Zwangsenteignungsbefugnis für Gemeindewege und namentlich für Ortsstraßen im Interesse der Gemeinden sehr wünschenswert sei; der Landtag habe aber trotz grundsätzlicher Anerkennung der Forderung nach einem solchen Enteignungsrecht die Zustimmung von einer Änderung des § 62 Abs. III BO. abhängig gemacht, die den Gemeinden die Möglichkeit nähme, durch Versagen der Baugenehmigung die Grunderwer-

bung für Straßenzwecke zu erreichen; die Beibehaltung sei zur Verhütung übermäßiger Belastung der Gemeinden notwendig. So wünschenswert im Interesse der Gemeinden und der beteiligten Grundbesitzer die Einführung des Zwangsenteignungsrechtes besonders für Ortsstraßen sei, erübrige doch im Hinblick auf die Notwendigkeit eines baldigen Zustandekommens des Gesetzes nichts als die Frage der Enteignungsbefugnis für Ortsstraßen und Gemeindeverbindungswege zunächst zurückzustellen (vgl. auch Erklärung des Staatsministers des Innern Dr. von Brettreich in der Sitzung vom 30. Juni 1910, Verhandlungen der Kammer der Abg. im Jahre 1909/10, Bd. XII S. 7).

2. Anlegung neuer und Änderung bestehender Staatsstraßen und Distriktsstraßen: S. hierüber Laforet S. 53 bis 56.

3. Ortsstraßen und öffentliche Plätze:

a) Unter „Ortsstraßen" im Sinne der beiden Gemeindeordnungen sind diejenigen öffentlichen Wege zu verstehen, die dazu bestimmt sind, den Verkehr innerhalb einer geschlossenen Ortschaft (s. Anm. 4) zu vermitteln und die keine Bestandteile von Staats- oder Distriktsstraßen oder von Gemeindeverbindungswegen i. e. S. sind (vgl. Kahr I S. 365 und 381); „öffentliche Plätze" innerhalb der Ortschaften werden, insoweit sie dem allgemeinen Verkehr dienen, den Ortsstraßen zugerechnet (vgl. die Begründung zum Entwurf der Novelle vom Jahre 1910 zum ZEG., Verhandl. d. K. der Reichsräte 1909/10 Beil. Bd. V S. 450 und Verhandlungen der Kammer der Reichsräte 1918 Bd. V S. 141). Zu den Ortsstraßen gehören sowohl Fahrwege als Fußwege, nicht dagegen die sogen. Feldwege (Begründung zur Novelle des Jahres 1910 S. 450). Als öffentliche Plätze sind nicht nur die dem Straßenverkehr dienenden zu betrachten, sondern beispielsweise auch Markt-, Spiel- und Anlagenplätze (sogen. Grünplätze), vgl. Verhandlungen der Kammer der Reichsräte 1918, Bd. V S. 141.

b) Der Bürgersteig ist als Teil der Ortsstraße zu betrachten (s. Verhandlungen der K. d. Abg. 1918, Bd. XVII S. 343).

4. innerhalb von Ortschaften: Ortschaften sind die zusammenhängend gebauten Teile der Gemeindebezirke. Als besondere Ortschaften im Sinne des Gesetzes werden die nach dem Ortschaftsverzeichnis des statistischen Landesamts angeführten Niederlassungen zu betrachten sein, wobei Änderungen, die seit der Herausgabe des erwähnten Verzeichnisses eingetreten sind, naturgemäß zu berücksichtigen sind. Als zur Ortschaft gehörig ist aber nicht nur das bereits überbaute, sondern auch das durch Baulinienpläne für die Bebauung bereitgestellte Gelände anzusehen: m. a. W.: Der Ausdruck „innerhalb der Ortschaften" darf nicht so verstanden werden, daß die neuanzulegenden oder zu ändernden Ortsstraßen und öffentlichen Plätze von den Anwesen der Ortschaft bereits umgeben sein müssen; denn sonst wäre eine Möglichkeit der Erweiterung von Ortschaften im Zwangsenteignungsverfahren von vorneherein ausgeschlossen und damit ein wesentlicher Zweck der Novelle verfehlt. Dagegen sind die zu den Gemeinden gehörigen getrennten Einöden, Höfe usw. nicht zu den „Ortschaften im engeren Sinne" zu zählen und haben daher auch bei Berechnung der Einwohnerzahl gemäß Ziff. 3 außer Betracht zu bleiben (Verhandlungen der K. d. Reichsräte 1918, Bd. V S. 144).

5. Mit mehr als 5000 Einwohnern: Maßgebend ist die Einwohnerzahl zur Zeit der Zwangsenteignung. Soweit die Enteignung zugunsten von Ortsstraßen in Gemeinden mit 5000 Einwohnern und weniger in Betracht käme, kann allenfalls auf Grund der Ziff. 17 des Art. I ZEG. vorgegangen werden, wenigstens soweit es sich um neue Bauanlagen handelt. Im übrigen kommt für diese Gemeinden § 62 BO. weiterhin in Betracht (Verhandlungen der K. d. Abg. 1918, Bd. XVII S. 884), d. h. sie können Baulinienpläne festsetzen und dem Erstbauenden in dem betr. Baugelände die Auflage machen, den einschlägigen Straßenteil abzutreten und herzustellen (vgl. auch Anm. 8 zu Ziff. 5).

6. Verhältnis zu Ziff. 17 des Art. I: s. Anm. 9 zu Ziff. 5.

7. Gemeindeverbindungswege: d. s. diejenigen öffentlichen Wege, die vorwiegend den nachbarlichen Verkehr von Gemeinden oder Ortschaften untereinander oder mit anderen Verkehrsstraßen zu vermitteln bestimmt sind (Verhandlungen der Kammer der Reichsräte 1918, Bd. V S. 141). Sie waren von der Kammer der Abgeordneten in die Novelle aufgenommen worden, wurden aber von der Kammer der Reichsräte wieder gestrichen (Verhandlungen der Kammer der Reichsräte 1918, Bd. V S. 142ff.). Wo besondere Verhältnisse vorliegen — in Notfällen — kann auch auf Grund des jetzt geltenden Rechtes unter Zuhilfenahme der Ziff. 13 des Art. I A ZEG. (Vorkehrung zu wesentlich notwendigen, sanitäts- oder sicherheitspolizeilichen Zwecken) die Zwangsenteignung zugunsten von Gemeindeverbindungswegen vorgenommen werden, vor allem wenn es sich um die Erweiterung von solchen Wegen bei besonders engen verkehrgefährdenden Straßenverhältnissen handelt, vgl. Erklärung des Ministers des Innern Dr. von Brettreich in der Kammer der Abg. (Verhandlungen 1918 Bd. XVII S. 884).

4. Bei Buchstaben A a wird statt „Ziff. 1—16" gesetzt „Ziff. 1—18".[1])

1. Diese Änderung ergibt sich aus dem Neu-Hinzutreten der beiden Ziffern 17 und 18 (s. o.).

5. Dem Art. I Buchstaben A b werden folgende Sätze beigefügt:

Die Entschädigung[1]) ist jedoch für die Abtretung von Grundeigentum zu Ortsstraßen und öffentlichen Plätzen[2]) innerhalb der Ortschaften[3]) — Buchstabe A Ziff. 5 — im Falle der Erschließung neuer Bauanlagen[4]) dann ausgeschlossen, wenn für die neue Bauanlage der Baulinienplan und die Bebauungsweise bereits

festgesetzt sind und wenn hiernach der im Baugelände verbleibende Teil des Grundstückes zu einer selbständigen Bebauung noch geeignet ist,[5]) und zwar insoweit als die Abtretungsfläche 25 Prozent des Gesamtgrundstückes nicht übersteigt.[6])

Die Gemeinde ist jedoch befugt, durch örtliche Satzung die Pflicht zur unentgeltlichen Abtretung bis zu 40 Prozent der Gesamtgrundstücksfläche zu erhöhen. Die Erlassung und Änderung dieser Satzung unterliegt der staatsaufsichtlichen Genehmigung.[7]) [8]) [9])

1. Der Grundsatz des bayerischen Zwangsenteignungsrechtes, daß grundsätzlich dem Abtretungsverpflichteten volle Entschädigung zu gewähren ist (Laforet S. 114 ff.) erleidet hier zum erstenmal eine Ausnahme (vgl. Verhandlungen der Kammer der Reichsräte 1918, Bd. V S. 142). Die Durchbrechung dieses Grundsatzes erklärt sich aus dem bisherigen Rechtszustande, der sich aus der Praxis herausgebildet hat. Der Abgeordnete Erbelding hat in der Sitzung der Kammer der Abgeordneten vom 10. Januar 1918 (Verhandlungen der K. d. A. Bd. XVII S. 342) die bisherige Rechtsauffassung dahin zusammengefaßt: „Der maßgebende § 62 der Bauordnung — übereinstimmend mit § 80 der Münchner Bauordnung — bestimmt, daß ein Bauunternehmer, der an einer Straße anbaut, die Kosten der Straßenherstellung zu tragen hat. Über die Verpflichtung, Grund und Boden zur Straße abzutreten, enthält der § 62 keine Bestimmung und kann keine enthalten, da es sich hier um eine Verordnung handelt und niemand gezwungen werden kann, auf Grund einer Verordnung sein Eigentum herzugeben. Auch Art. 101 des Polizeistrafgesetzbuches kann keine Handhabe bieten. Eine gesetzliche Bestimmung, wonach jemand verpflichtet ist, Grund und Boden für irgendeine Ortsstraße herzugeben, besteht nicht. Man half sich in der Praxis damit, daß man so tat, als enthalte § 62 der Bauordnung eine Regelung der Grundabtretungsfrage und legte in die Verordnung hinein, was nicht drin stand und nicht drin stehen konnte, und gab dem Eigentümer einfach die Auflage, Grund und Boden unentgeltlich abzutreten, widrigenfalls er keine Bauerlaubnis bekäme. Ja man ging so weit, daß der Bauunternehmer sogar gezwungen war, von dritten Personen Eigentum zu erwerben und dieses Eigentum dann unentgeltlich der Gemeinde zur Verfügung zu stellen. Vergeblich war die Klage der Grundbesitzer, es half alles nichts, die Praxis wurde einfach so durchgeführt und hat sich jahrzehntelang so forterstreckt." (Vgl. auch über die bisherige Praxis Verhandlungen der K. d. Abg. 1918 Bd. XVII S. 333 und Verhandlungen der K. d. Reichsräte 1918, Bd. V S. 142).

Die sachliche Berechtigung des bisherigen Vorgehens lag darin, daß durch die Neuanlage einer Straße der Wert des an dieser liegenden Baugrundstückes sich steigert. Zur bisherigen Übung führte der Staatsminister des Innern Dr. von Brettreich in der Sitzung der Kammer der Abgeordneten vom 10. Januar 1918 (Bd. XVII S. 352) folgendes aus: „Die Staatsregierung hat nicht anerkannt, daß die Praxis nach § 62 der gesetzlichen Grundlage entbehre. Der § 62 der BO. beruht auf der Ermächtigung des Art. 101 des Polizeistrafgesetzbuchs. Er enthält auch nicht eine Verpflichtung zur Abtretung von Privateigentum, sondern regelt nur die Voraussetzungen für Erteilung der polizeilichen Bauerlaubnis. Wenn hierbei die Gemeinden verlangen, daß auch der Grund zur Straßenherstellung für neue Bauanlagen zur Verfügung gestellt werde, so ist diese Forderung vom Standpunkte der Baupolizei wohl berechtigt. Gegenüber den beteiligten Grundeigentümern hat das allerdings vielfach indirekt wie eine Enteignung gewirkt."

Über den *nunmehrigen Rechtszustand* siehe Anm. 8.

2. Bezüglich des Begriffes: „*Ortsstraßen*" und „*öffentliche Plätze*" s. Anm. 3 zu Ziff. 3.

3. „*innerhalb der Ortschaften*" s. Anm. 4 zu Ziff. 3.

4. Voraussetzung der unentgeltlichen Abtretung ist die Erschließung **neuer** Bauanlagen mit bereits festgesetzter Baulinie und Bebauungsweise; bei Inanspruchnahme bereits bestehender Bauten oder überbauten Geländes im Innern der Städte muß volle Entschädigung geleistet werden (Verhandlungen der Kammer der Reichsräte 1918, Bd. V S. 142). Stellt das Gesamtbild indes eine neue Bauanlage dar, so findet die Vorschrift der Ziff. 5 auch dann Anwendung, wenn auf einem einzelnen Grundstück ein Gebäude steht. Es kann also nicht etwa durch Aufführung etwa eines Gartenpavillons oder einer Abortanlage die Anwendbarkeit unserer Ziffer betr. die unentgeltliche Abtretung von 25% bzw. 40% ausgeschlossen werden. Die unentgeltliche Abtretung bezieht sich aber nur auf die **Grundfläche** als solche, das etwaige Bauwerk auf dem Grundstück ist **für sich** zu entschädigen und zwar abzüglich dessen, was nach den allgem. Vorschriften für das Abbruchmaterial geschätzt wird (Erklärung des Staatsrats Dr. von Unzner in der Sitzung des Finanzausschusses der K. d. Abg. vom 15. Dez. 1917).

5. Die weitere Voraussetzung für den Wegfall der Entschädigungspflicht bildet die Möglichkeit selbständiger Bebauung des verbleibenden Geländes; über das Vorhandensein dieser Voraussetzung wird bei Streit von Fall zu Fall entschieden werden müssen und zwar steht die Entscheidung hierüber nach allgemeinen Grundsätzen den Zivilgerichten zu (Verhandlungen der Kammer der Abgeordneten 1918 Bd. XVII).

6. Der Abgeordnete Kroher schied in der Sitzung der Kammer der Abgeordneten vom 10. Januar 1918 (Verhandlungen 1918 Bd. XVII S. 338) folgende Fälle aus:

a) Die Ortsstraße schneidet ein Stück vom Grundstück ab, dessen Größe 25% bzw. 40% des Gesamtgrundstücks nicht überschreitet, der im Baugelände verbleibende Grundstücksrest ist selbständig bebauungsfähig. Hier ist das ganze abgeschnittene Stück unentgeltlich abzutreten.

b) Überschreitet im Falle a das abgeschnittene Stück 25% bzw. 40% des Gesamtgrundstücks, so ist für die 25% bzw. 40% überschreitende Fläche Entschädigung zu gewähren.

c) Wenn im Falle a und b der verbleibende Rest nicht mehr selbständig bebauungsfähig ist, so ist der ganze zur Straße benötigte Grundstücksteil nur gegen volle Entschädigung abzutreten und, falls die Voraussetzungen des Art. III ZEG. gegeben sind, kann sogar die Ablösung des ganzen Grundstücks gegen Entschädigung gefordert werden, wenn nämlich das restig verbleibende Grundstück im Sinne des Art. III ZEG. nicht mehr für sich allein bewirtschaftungsfähig erscheint.

d) Wenn die Ortsstraße ein Grundstück durchschneidet und die auf beiden Seiten der Straße im Baugelände verbleibenden Grundstücksteile noch selbständig bebauungsfähig sind, so hat bis zu 25% bzw. 40% der Gesamtfläche des Durchschnittsgrundstückes unentgeltliche, darüber hinaus entgeltliche Abtretung zu erfolgen.

e) Sind im Falle d beide im Baugelände verbleibenden Grundstücksteile nicht mehr selbständig bebauungsfähig, so hat volle Entschädigung für den ganzen zur Straße abzutretenden Grund zu erfolgen und allenfalls hat Art. III des Gesetzes Anwendung zu finden.

f) Ist im Falle d das auf der einen Seite der Straße im Baugelände verbleibende Grundstück noch bebauungsfähig, der andere Teil aber nicht, so hat der Grundbesitzer zwar das zur Straße benötigte Grundstück bis zu 25% bzw. 40% der Fläche des Gesamtgrundstücks unentgeltlich abzutreten; es bleibt aber die Anwendung des Art. III des Gesetzes vorbehalten.

g) Da sich die unentgeltliche Abtretung nur auf **Grundeigentum** erstreckt und zwar nur soweit Neubauanlagen in Frage kommen, so ist volle Entschädigung zu gewähren, wenn es sich um ein bestehendes Bauwerk handelt, das ganz oder zum Teil in die Ortsstraße fällt. Auch hier kann Art. III anwendbar sein.

Diese Einzelfälle wurden vom Staatsminister des Innern Dr. von Brettreich als zutreffend dargestellt bezeichnet.

Wenn ein Eigentümer mehrere Grundstücke hat, so sind die Grundstücke für die Berechnung der 25% bzw. 40% einzeln zu nehmen.

Darüber, daß sich die 25% bzw. 40% nur auf abzutretende Grundflächen, nicht auf etwa darauf befindliche Bauwerke beziehen, siehe oben Anm. 4.

7. Bezüglich der staatsaufsichtlichen Genehmigung der Satzung s. Art. 154, 155, 160 rechtsrh. GemO., Art. 86, 87 pfälz. GemO.

8. Verhältnis der Ziff. 5 zu $\frac{\text{§ 62 BO.}}{\text{§ 80 MBO.}}$:

a) Zunächst entscheidet über die Frage der Grundabtretung zu Ortsstraßen und öffentlichen Plätzen die freie Vereinbarung zwischen Gemeinde und Grundeigentümer auf Grund des § 62 Abs. I BO. (§ 80 Abs. I MBO.)[1] Kommt eine Vereinbarung nicht zustande, so kann nach der nunmehrigen Fassung des § 62 Abs. II BO. (§ 80 Abs. II MBO.) die Gemeinde über 5000 Einwohner angehalten werden auf dem Wege der Zwangsenteignung vorzugehen. Die Zwangsenteignung tritt also nur aushilfsweise ein, wenn eine Vereinbarung nicht zustande kommt.

b) Für Gemeinden mit 5000 Einwohnern und weniger bleibt nach wie vor der Weg des § 62 Abs. III der BO. offen (vgl. auch Erklärung des Min. d. Innern, Verhandlungen der K. d. Abg. 1918, Bd. XVII S. 884).

9. Verhältnis zu Ziff. 17 des Art. I: Im Falle der Enteignung von Zufahrtsstraßen (s. Anm. 2a zu Ziff. 1) können die Vorschriften über teilweisen Ausschluß der Entschädigung keine Anwendung finden; denn diese Vorschriften beziehen sich nur auf die Abtretung von Grundeigentum zu Ortsstraßen in Neubauanlagen. Wenn freilich die Zufahrtsstraßen gleichzeitig als Ortsstraßen in Neubauanlagen erscheinen, so fallen sie sowohl unter Ziff. 17 als auch unter die Ziff. 5 des Art. I A; es tritt dann auch die

[1] S. den nunmehrigen Text S. 43.

Beschränkung der Entschädigungspflicht für solche Straßen ein (Staatsminister des Innern Dr. von Brettreich in der Kammer der Abgeordneten, Verhandlungen 1918, Bd. XVII S. 353).

Art. II. Der Art. III a des genannten Gesetzes erhält folgende Fassung:

[1]) Der Eigentümer eines Grundstückes kann verlangen, daß der Unternehmer an Stelle des Rechtes, ein Bauwerk auf der Oberfläche des Grundstückes zu haben,[2]) das Eigentum am Grundstück erwerbe.

Der Eigentümer eines Grundstücks kann dessen Belastung mit einem nicht unter den Abs. 1 fallenden Erbbaurecht[3]) oder mit einer Dienstbarkeit ablehnen und verlangen, daß der Unternehmer an Stelle dieses Erbbaurechts oder der Dienstbarkeit das Eigentum am Grundstück erwerbe, wenn . . . usw., wie bisher.

1. Aus der Begründung: „Dem Bedürfnis der Bereitstellung von Wohnungen kann unter Umständen schon durch Belastung von Grundstücken mit einem Erbbaurecht entsprochen werden, die einen weniger weitgehenden Eingriff in die Privatrechte darstellt als die Inanspruchnahme des vollen Eigentums. Im Entwurf wird daher die Belastung mit einem Erbbaurecht durchweg der Belastung mit einer Dienstbarkeit gleichgestellt, und zwar nicht nur für die Fälle des Art. I A Ziff. 17 und 18, sondern allgemein für sämtliche Enteignungsfälle, da auch für die Erreichung der sonstigen öffentlichen Zwecke die Belastung mit Erbbaurechten (z. B. Kanalisationsanlagen) vielfach genügen wird. Diese Gleichstellung kommt im Entwurf Art. I Ziff. 2, Art. II und Art. IV zum Ausdruck. Jedoch muß zwischen Erbbaurecht und Dienstbarkeit insoferne unterschieden werden, als die Belastung des Eigentums mit einem Erbbaurecht auf der Oberfläche des Grundstücks immerhin dessen Wert und Benützbarkeit stärker beeinträchtigt als ein sonstiges (unterirdisches) Erbbaurecht oder eine Dienstbarkeit. Deshalb soll nach Art. II des Entwurfes der Art. IIIa des Zwangsabtretungsgesetzes eine Fassung erhalten, wonach der Eigentümer den Anspruch auf zwangsweise Belastung mit einem Erbbaurecht auf der Oberfläche des Grundstücks (z. B. einem Wohngebäude) ohne weiteres ablehnen und sofort die Erwerbung des vollen Eigentums verlangen kann. Bei den übrigen Erbbaurechten ebenso wie bei Dienstbarkeiten kann dieses Verlangen nur unter der Voraussetzung des bisherigen Art. IIIa des Gesetzes gestellt werden."

2. Art. II ist eine Folge der Aufnahme des Wortes „Erbbaurecht" in Art. I des Gesetzes. Art. IIIa hat bisher (s Anm. 1) dem Grundeigentümer die Befugnis eingeräumt, die ganze Ablösung des Grundstückes zu verlangen, wenn nach der Belastung mit einer Grunddienstbarkeit die bisherige bestimmungsgemäße Benützung beeinträchtigt worden wäre. Nunmehr ist in Abs. I eine bedingungslose Befugnis des Grundeigentümers gesetzlich festgestellt, wenn auf seinem Grund und Boden ein Oberbau errichtet werden soll (vgl. auch Verhandlungen der K. d. Abg. 1918, Bd. XVII S. 957).

3. Art. IIIa gilt nicht nur für die Fälle der Ziff. 17 und 18, sondern für das ganze Zwangsenteignungsgesetz (s. Anm. 1). Es gibt Erbbaurechte, bei denen nicht ein ganzes Haus in Frage steht, sondern einfache Bauwerke, wie Transformatorenhäuschen, Kanalisationsanlagen usw. Hier ist ebenso wie bei der Belastung mit einer Dienstbarkeit die Frage aufzuwerfen, ob die Benützung des Grund und Bodens so erschwert ist, daß der Eigentümer die Grundstücke nicht mehr nach seiner bisherigen Bestimmung zweckmäßig benützen kann (vgl. hierüber ausführlich Laforet S. 105ff.).

Art. III. Der Art. IV des genannten Gesetzes erhält folgende Absätze 2, 3 und 4:

Zur Ausführung eines Unternehmens der im Art. I A Ziff. 17 und 18 bezeichneten Art kann von Gemeinden die Entwehrung auch von Grundstücken in Anspruch genommen werden, die in einer Nachbargemeinde liegen.[1])

Von Privaten kann die Entwehrung zur Ausführung eines Unternehmens der im Art. I A Ziff. 17 und 18 bezeichneten Art nicht in Anspruch genommen werden, von Gesellschaften nur dann, wenn sie als rechtsfähige gemeinnützige Bau- und Siedlungsvereinigungen satzungsgemäß die Einzahlungen der Mitglieder mit nicht mehr als 5 Prozent jährlich verzinsen und den Mitgliedern im Falle der Auflösung nicht mehr als die Einzahlungen ausantworten und wenn jede Änderung der Satzung von der staatlichen Genehmigung abhängig gemacht ist.[2])

Zur Inangriffnahme der vorbezeichneten Unternehmungen können auch Fristen bestimmt werden, mit deren fruchtlosem Ablauf das Unternehmen als rückgängig geworden (Art. XII Abs. 4 des Gesetzes) anzusehen ist.[3])

1. Abs. II des Art. IV des Zwangsenteignungsgesetzes enthält die neue Bestimmung, daß von Gemeinden Kleinwohnungen und Eigentumssiedlungen auch in Nachbargemeinden errichtet werden können und daß zu diesem Zweck Baugrund den Nachbargemeinden im Zwangswege enteignet werden kann. Diese den Grundsätzen des bisherigen Gesetzes entsprechende Feststellung im Gesetze erschien geboten, weil in den Ziff. 17 und 18 ein örtliches Bedürfnis vorausgesetzt wird, was an sich zu dem Schluß verleiten könnte, daß auch dessen Befriedigung streng auf den örtlichen Bezirk der Gemeinde beschränkt bleiben müßte (s. Begründung Abschnitt II). Ein derartiger Schluß wäre indes nach dem klaren Wortlaut des Gesetzes unzutreffend.

2. a) Abs. III trifft eine Sonderbestimmung für die Entwehrungsberechtigten (vgl. über den Umkreis derselben Art. IV Abs. I ZEG.) bezüglich der durch Ziff. 17 und 18 des Art. I getroffenen neuen Unternehmungen. Es werden Private von jedem Anspruch auf Entwehrung für Zwecke der Ziff. 17 und 18 des Art. I ausgeschlossen und an Gesellschaften wird dieser Anspruch nur unter bestimmten Bedingungen gewährt.

Aus der Begründung: „Im Gesetze wird der Begriff der gemeinnützigen Bau- und Siedlungsvereinigungen (Genossenschaften, Gesellschaften und Vereine) näher umschrieben. Die Vorschrift entspricht dem Art. 16 des Landeskultur-Rentengesetzes und § 33 Abs. III des Haussteuergesetzes, jedoch mit der Maßgabe, daß die Höchstgrenze für die Verzinsung der Mitgliedereinlagen von 4% auf den nunmehr üblichen Zinsfuß von 5% erhöht und jede Änderung der Satzung solcher Vereinigungen von vorneherein von der staatlichen Genehmigung, die dem Staatsministerium des Innern zustehen wird, abhängig gemacht wird."

b) Bezüglich der Voraussetzungen, die das Ministerium des Innern bei Prüfung des Enteignungsantrages fordern wird, führte der Minister des Innern, Dr. von Brettreich, in der Sitzung des Finanzausschusses der Kammer der Abgeordneten vom 1. Dezember 1917 folgendes aus: Es wird genau geprüft werden, ob die antragstellende Vereinigung die nötige Verlässigkeit hat, insbesondere werden ihr alle Bedingungen und Befristungen aufzuerlegen sein, die nötig sind, um den Endzweck nach jeder Richtung zu sichern. In der Begründung ist eine Reihe von Beschränkungen aufgeführt. Man wird noch zu anderen kommen müssen und insbesondere auch auferlegen können, daß die betreffende Vereinigung sich dem Aufsichtsrecht der Distriktsverwaltungsbehörde unterstellt, daß der Vorstand der Gemeinde oder der Distriktsverwaltungsbehörde im Vorstande der Gesellschaft sitzt, um sich über den Geschäftsgang und die Geschäftsführung Kenntnis verschaffen zu können. Was die Frage anlangt, was zu tun ist, wenn die Gesellschafter der Vereinigung die Erwartungen, die an sie geknüpft werden, nicht erfüllen, so könnten allenfalls Vertragsstrafen festgesetzt werden. Es wäre auch möglich, das Unternehmen rückgängig zu machen, auch wenn gebaut ist ... Außerdem haben wir ein wirksames Mittel darin, daß Zuschüsse, die solche Gesellschaften in der Regel bekommen, nicht mehr gegeben würden. Es könnte auch dem betreffenden Verein die Rechtsfähigkeit entzogen werden und bedungen werden, daß die Gemeinde das betreffende Unternehmen übernimmt.

Im Finanzausschuß der Kammer der Abgeordneten wurde vom Berichterstatter Kroher gefordert, daß bei der Prüfung von Enteignungsgesuchen der gemeinnützigen Bau- und Siedlungsgesellschaften mit besonderer Sorgfalt vorgegangen werden müsse. Zur Überwachung der auferlegten Bedingungen bezüglich der Wohnungspreise und Berücksichtigung kinderreicher Familien usw. müßten den Wohnungsämtern, Wohnungsaufsichtsbehörden oder Distriktspolizeibehörden entsprechende Befugnisse eingeräumt werden, die in den Satzungen Aufnahme finden müßten (vgl. Verhandlungen der K. d. Abg. 1918, Bd. XVII S. 357).

3. Neben den vorstehenden Bedingungen ist noch ausdrücklich eine Befristung vorgesehen, um die rechtzeitige Inangriffnahme der Bebauung oder sonstige Nutzbarmachung des enteigneten Geländes unter Androhung von Rechtsnachteilen zu erzwingen.

Art. IV. Dem Art. VIII und dem Art. XI Abs. 2 des Zwangsabtretungsgesetzes wird folgender Satz beigefügt:

„Gleiches gilt im Falle der Beschwerung mit einem Erbbaurecht“.

Dem Art. XII Abs. 4 wird folgender Satz beigefügt:

„Diese Vorschrift findet im Falle der Bestellung eines Erbbaurechts entsprechende Anwendung".

Im Art. 25 des Ausführungsgesetzes zur Reichszivilprozeßordnung und Konkursordnung in der Fassung der Bekanntmachung vom 26. Juli*) 1899 werden die Worte „mit einer Dienstbarkeit" ersetzt durch die Worte „mit einem Erbbaurecht oder einer Dienstbarkeit".

Im Art. 26 Satz 2 des genannten Ausführungsgesetzes werden nach dem Worte „Auflassung" die Worte eingefügt „sowie die Bestellung eines Erbbaurechts".

1. Durch Art. IV werden alle diejenigen Bestimmungen des ZEG. ergänzt, in denen bisher nur von „Dienstbarkeiten" gesprochen wurde; entsprechend der durch Art. I Ziff. 2 nunmehr erfolgten Einbeziehung des Erbbaurechtes erwies sich dies als notwendig (vgl. Anm. 1 zu Art. II).

*) Dies ist ein Druckfehler im Gesetzeswortlaut; richtig muß es heißen: 26. Juni.

Anhang.

Auszug aus der Königl. Verordnung vom 10. Juli 1918, über die Bauordnungen.

(GVBl. 1918 S. 359).

Wir finden Uns bewogen, unter Abänderung der Bauordnung vom 17. Februar 1901 und der Bauordnung für die Haupt- und Residenzstadt München vom 29. Juli 1895 in der Fassung der Verordnung vom 3. August 1910, die Bauordnungen betreffend (GVBl. S. 403) zu verordnen, was folgt:

I.

Die §§ 14, 15, 17, 26, 28, 29, 32, 33, 34, 40, 41, 51, 54 und 62 der Bauordnung vom $\frac{\text{17. Februar 1901}}{\text{3. August 1910}}$ erhalten folgende Fassung:

. . . .

§ 62.

Abs. I unverändert.

Abs. II wird durch folgende Bestimmung ersetzt:

Wenn ein Übereinkommen nicht erzielt wird, so können die Gemeinden angehalten werden, die Entwehrung nach Art. I A Ziff. 5 und Buchst. b mit Art. IV des Zwangsabtretungsgesetzes vom 17. November 1837 in der Fassung des Gesetzes vom 9. Mai 1918 (GVBl. 1918 S. 289) in Anspruch zu nehmen.

Abs. III bis VII unverändert.

II.

Die §§ 18, 19, 22, 24, 33, 35, 36, 41, 45, 47, 48 und 80 der Bauordnung für die Haupt- und Residenzstadt München vom $\frac{\text{29. Juli 1895}}{\text{3. August 1910}}$ erhalten folgende Fassung:

. . . .

§ 80.

Abs. I unverändert.

Abs. II wird durch folgende Bestimmung ersetzt:

Wenn ein Übereinkommen nicht erzielt wird, so kann die Stadtgemeinde angehalten werden, die Entwehrung nach Art. I A Ziff. 5 und Buchst. b mit Art. IV des Zwangsabtretungsgesetzes vom 17. November 1837 in der Fassung des Gesetzes vom 9. Mai 1918 (GVBl. 1918 S. 289) in Anspruch zu nehmen.

III.

Die Verordnung tritt am 1. August 1918 in Wirksamkeit.

Alphabetisches Nachschlagsverzeichnis.

(Die Zahlen bezeichnen die Seitenzahlen.)

FSC
www.fsc.org
MIX
Papier | Fördert gute Waldnutzung
FSC® C083411

Kolibri 360 GmbH
Ferdinand-Jühlke-Straße 7
99095 Erfurt, Deutschland
produktsicherheit@kolibri360.de